AF324354

EDICT DV ROY,

PORTANT SVPPRESSION

des Offices de Commiſſaires triennaux des Tailles, & des douze deniers pour liure à eux attribuez, ET reſtabliſſement des fonctions deſdits
Cómiſſaires ancié & alternatif. AVEC creation en heredité d'vn Office de Controlleur en
chacune Paroiſſe, pour aſſiſter annuellement à
l'aſſiete deſdites Tailles, & tenir regiſtre & controlle des Taxes, ET attribution auſdits Controlleurs de quatre deniers pour liure, & d'autres
quatre deniers par augmentation de droict aux
Controlleurs du regalement: De deux deniers
aux Receueurs Collecteurs des droicts alienez, Et de deux autres aux Officiers & Controlleurs des Greffes des Bureaux des Treſoriers de France & des Elections.

A PARIS,
Par A. ESTIENE, P. METTAYER, & C PREVOST,
Imprimeurs ordinaires du Roy.

M. DC. XXXII.

Auec Priuilege de ſa Maieſté.

LOVIS par la grace de Dieu Roy de France & de Nauarre, A tous preſens & à venir, Salut. Encores que depuis quelques années les dépenses neceſſaires pour l'entretenement des armées que nous auons eſté contraints tenir ſus pied tant dedans que dehors noſtre Royaume, nous ayent à noſtre grand regret, obligez d'aliener pluſieurs droicts ſur nos Tailles & Gabelles: Si eſt-ce que nous n'auons pas tant conſ deré le ſecours que nous en pouuions retirer, que l'eſtabliſſement d'aucuns Officiers dans les Villes & Paroiſſes de nos Elections, par le moyen deſquels, les abus, maluerſations & inégalitez qui ſe commettent en l'impoſition & leuée de nos Tailles, par l'authorité que les riches & aiſez des Paroiſſes prennent ſur les foibles & impuiſſans, ſe peuſſent corriger. Et dautant que les Aſſeeurs & Collecteurs ne ſçauent la pluſpart lire ny écrire, & ſouuét ont fait plaintes que les taxes par eux faites, eſtoient diminuées ou augmé-

tées par les Cõmiſſaires des Tailles tenãt
la plume, Nous auons par noſtre Ediĉt du
mois de Ianuier mil ſix cés vingt-neuf, dé-
chargé leſdits Cõmiſſaires de la confeĉtiõ
deſdits rolles des Tailles, & fournitures du
bois, feu & chandelle, & accordé la liberté
auſdits Aſſeeurs, de s'aſſembler en la mai-
ſon de l'vn d'eux, pour proceder en leurs
loyautez & conſciences au departement
& aſſiete du principal de la Taille, & en
porter la minute au Greffier des rolles
crée par ledit Ediĉt, pour eſtre par luy groſ-
ſoyé. Mais il auroit eſté depuis recognu
que tant s'en faut qu'ils receuſſent du ſoulagement de ceſte liberté, qu'au contraire
elle les conſtituoit en de grandes dépenſes : Et que faute d'intelligence & d'eſtre
pratiqz au faiĉt de ladite aſſiete & cal-
cul d'icelle, ils eſtoient trois & quatre iours
dans vn cabaret, à faire ce qu'vn officier
intelligent pouuoit faire en demy iour. Outre que leſdits Greffiers des rolles, obligez par l'Ediĉt de leur creation à taxer au
ſol la liure ſur ledit principal de la Taille
la creuë des Garniſons & autres extrordinaires, ne ſçauroient expedier dans le premier ou ſecond mois du premier quartier

de l'année, comme il eſt requis, tous les rolles des Paroiſſes de leur Election : Et à ceſte cauſe, font faire pluſieurs voyages inutils & dépéſes auſdits Aſſeeurs, la pluſpart deſquels, depuis la creation deſdits Greffiers, ont eſté contraints, pour éuiter leſdits voyages, faire faire leſdits rolles à leurs frais: toutes leſquelles dépenſes outre les autres ſurcharges que leſdits Aſſeeurs Collecteurs ont à ſupporter pour la leuée de nos deniers, font fuir la charge aux habitans des Paroiſſes, qu'ils n'acceptent qu'apres y auoir eſté condamnez, d'où ſenſuit le retardement de nos deniers, & les non-valeurs qui arriuent iournellement. Ce que nous ayant eſté cy-deuant repreſenté en noſtre Conſeil, Nous auons par noſtre Edict du mois de Feurier de l'année derniere, creé & eſtably en chacune Paroiſſe vn Controlleur du regalement des Tailles, & preſcrit l'ordre que nous voulons eſtre ſuiuy en l'aſſiete & impoſition d'icelles : Nous auons auſſi creé par autre noſtre Edict du Mois de Ianuier de ladite année, vn Commiſſaire Triennal des Tailles, auec attribution de douze deniers pour liure, à prendre ſur les Tailles ordinaires

& extrordinaires, & tout le contenu aux
rolles. Et combien qu'il nous fuft tres-im-
portant d'eftre promptement fecouru des
deniers qui deuoient prouenir de l'execu-
tion dudit Edict, nous l'aurions neantmoins
fait furfeoir fur l'aduis que nous auons depuis receu, que ladite creation n'eftoit ne-
ceffaire, & qu'il feroit à propos de fuppri-
mer ledit Office & les douze deniers y attribuez, Et au lieu d'iceluy, créer & eftablir
vn Controlleur pour tenir regiftre & controlle des taxes qui feroient écrites fous
les Affeeurs par le Commiffaire des Tailles premier ou fecond en exercice, en la
la prefence du Controlleur au regalement,
afin qu'elles ne peuffent eftre changées,
augmentées ou diminuées: Et eftant l'affiete faite par cét ordre, l'égalité pouuoit eftre
obferuée, lefdits Affeeurs liberez de dé-
penfes, fans plaintes ny apprehenfion que
leurs aduis n'ayét efté fuiuis. Auquel Controlleur nous pourrions attribuer partie
defdits douze deniers pour liure, autre partie aufdits Controlleurs du regalement, &
le furplus à autres Officiers dont les fonctions font neceffaires : En quoy faifant
nous pourrions retirer le mefme fecours

que nous euſſiõs peu eſperer de l’execuriõ
dudit Edict , ſans nouuelle charge à nos
ſubjets ny à nos finances. CE qu’ayans mis
en deliberation en noſtre Conſeil, en la
preſence d’aucuns Princes de noſtre Sang,
Officiers de noſtre Couronne, & autres
grands & notables perſonnages: N o v s de
leur Aduis, & de noſtre certaine ſcien-
ce , plaine puiſſance & authorité Roya-
le , A v o n s par le preſent Edict perpe-
tuel & irreuocable,ſupprimé & ſupprimõs
leſdits Offices de Cõmiſſaires triẽnaux des
Taillescreez par noſtredit Edict du mois de
Feurier mil ſix.cés trére-vn, & les douze deniers pour liure à eux attribuez ſur les Tailles ordinaires & extrordinaires, & rout le
cõtenu aux rolles,ſans que cy-apres ils puiſ-
ſent eſtre reſtablis pour quelque cauſe &
occaſiõ que ce ſoit : E t par ledit preſent E-
dict, nous auõs creé. erigé &eſtably, creõs,
erigeons & eſtabliſſons en chef & tiltre
d’office formé & hereditaire, vn Controlleur en chacune Paroiſſe ,pour aſſiſter annuellement à l’aſſiete des Tailles, & tenir
Regiſtre & Controlle des Taxes qui ſeront écrites par les Commiſſaires des Tailles , premier ou ſecond en exercice : les

fonctions defquels Commiffaires , nous auons à cefte fin, reftablies & reftabliffons, pour exercer par eux lefdits Offices alternatiuemét, affifter à ladite affiete, écrire les taxes du principal de la Taille fous lefdits Affeeurs en la prefence du Controlleur au regalement, & à cét effet fe tranfporter en fa maifon où en tel autre lieu de la Paroiffe qu'il aduifera : & l'affiete arreftée , voulons que la minute écrite par ledit Commiffaire des Tailles , foit collationnée fur le controlle dudit Controlleur, & à l'inftant fans diuertir, le tout paraphé à chacun fueillet, & figné en fin defdits Controlleur au regalement, Commiffaire des Tailles , Controlleur prefentement creé, & defdits Affeeurs qui fçauront figner. Et outre fera ledit Commiffaire des Tailles, en la prefence dudit Controlleur au regalement & dudit Controlleur prefentement creé, les affietes de la creuë des Garnifons & autres creuës extrordinaires au fol la liure fur ledit principal de la Taille, qui feront fignées & paraphées de leurs mains comme deffus. Et s'il y a quelques ratures és minutes, elles feront approuuées en fin de chacun fueillet, tant par les Affeeur

ſſeurs Collecteurs, que par les Officiers
ſuſdits, afin qu'il n'y puiſſe eſtre rien chan-
gé, alteré ou innoué. Leſquelles minutes
ſeront portées ou enuoyées à l'inſtãt qu'elles ſeront arreſtées à la diligence dudit Cõtrolleur au regalement ou ſonCommis, au
Greffier des rolles en exercice, pour en expedier les groſſes inceſſamment, les faire
verifier parles Eleus, & les enuoyer auſdits
Aſſeurs & Collecteurs pour vacquer à la
collecte de nos deniers, à peine d'eſtre reſ-
ponſables du retardement d'iceux en leurs
propres & priuez noms, & de priuation de
leurs droicts. Auquel Cõtrolleur preſentement creé, nous attribuons quatre deniers
pour liure, faiſans partie des douze deniers
attribuez auſdits Commiſſaires triennaux
preſentemẽt ſupprimez, & les meſmes priuileges & exemptions de la collecte des
Tailles, de l'impoſt du ſel, de tutelle & cu-
ratelle & Commiſſaires aux biens ſaiſis,
& logemens de gens de guerre, attribuez
auſdits Commiſſaires des Tailles par les
Edicts de leur creation des mois de Nouẽ-
bre mil ſix cens ſeize, Ianuier mil ſix cens
vingt-vn, & May mil ſix cẽs vingt-quatre,
deſquels leſdits Commiſſaires iouïront pai-

fiblement à l'aduenir cṍme ils faifoient au-
parauãt ladite année mil fix cẽs vingt-neuf,
& fans que lefdits Controlleurs prefentement creez, puiffent eftre augmẽtez à nos
Tailles ny à l'impoft du fel és lieux où ledit
impoft a lieu, à plus grãdes fommes que celles où ils fe trouuerṍt taxez lors de l'acqui-
fitiṍ defdits offices. Quatre deniers par augmentation de droiᵭ, aufdits Controlleurs
du regalement des Tailles crṍez par ledit
Ediᵭt du mois de Feurier 1631. outre les
huiᵭt deniers à eux attribuez par ledit Ediᵭt,
pour faire iufques à douze deniers pour liure pour chacun Office qui fera eftably en
chacune Paroiffe. Deux deniers auffi par
augmentation de droiᵭt, aux Receueurs
Collecteurs des droiᵭts alienez fur nos
Tailles, ancien, alternatif & triennal, creez
par noftredit Ediᵭt du mois de Decembre
1629. afçauoir vn denier chacun en l'année
d'exercice, & demy denier auffi chacun en
l'année hors d'exercice, outre les trois deniers à eux attribuez fur nos Tailles, & fix
deniers fur les droiᵭts des particuliers dont
ils font la recepte, & autres droiᵭts dont ils
ioüiffent tant en vertu dudit Ediᵭt de creation, que par autres nos Ediᵭts, Declara-

tions & Arrests donnez en consequence,
Ausquels droicts nous les auons maintenus
& confirmez, pour en iouyr tant sur le pied
des impositions qui se faisoient lors de
leurs acquisitions, que de l'augmentation
d'icelles, à cause des droicts par nous depuis
alienez. Vn denier pour liure, sçauoir demy
denier aux Greffiers & Maistres Clercs des
Bureaux des Tresoriers de France,& demy
denier aux Controlleurs des actes & expeditions des Greffes desdits Bureaux, creez
par Edict du mois de Iuin mil six cés vingt-
sept,des deniers imposez en l'estenduë de
la generalité de leur establissement. Vn denier aussi pour liure aux Controlleurs des
actes & expeditions des Greffes des Elections creez par ledit Edict,des deniers imposez en l'estenduë desdites Elections, outre le tiers de tous les droicts & émolumés
que prennent & perçoiuent les Greffiers &
Maistres Clercs desdits Bureaux & Elections,à eux ordonnez & attribuez par les
Edicts, Arrests & Reglemens sur ce faits
sans exception. Et lesquels Offices de Controlleurs des actes & expeditions des Greffes desdits Bureaux & Elections, Nous
auons entant que besoin seroit, en conse-

quence de noſtredit Edict du mois de Iuin
1627. de nouueau creez & erigez, pour en
iouïr par les acquereurs d'iceux, hereditairement, eux, leurs veſues, ſucceſſeurs &
ayans cauſe, auſdits droicts, Sçauoir ceux
deſdits Bureaux, de demy denier pour liure
des deniers impoſez en l'eſtéduë de la Generalité de leur eſtabliſſement: & ceux deſdites Elections, d'vn denier pour liure des
deniers auſſi impoſez en l'eſtenduë de l'E-
lection où ils ſeront eſtablis, auec le tiers des
émolumens ordonnez & attribuez auſdits
Greffiers des Bureaux & Elections par les
Edicts, Arreſts & Reglemens ſur ce faits,
meſmes auſdits Greffiers des Bureaux, par
le Reglement arreſté en noſtre Conſeil
le   iour de
dernier pour toutes les expeditions, ordon-
náces, iugemés, preſentations, affirmatiós,
& autres actes qui s'expedieront auſdits
Greffes pour quelque cauſe ou occaſion
que ce ſoit, ſans exception, & aux meſmes
priuileges & exemptions dót iouïſſent leſdits Greffiers des Bureaux & Greffiers anciens tenans la plume eſdites Elections. A
prendre tous leſdits droicts cy-deſſus ſpe-
cifiez, reuenans à pareil droict de douze

deniers pour liure , attribuez aufdits Commiffaires Triennaux des Tailles fupprimez, fur le principal de la Taille , Taillon,
folde du Preuoft des Marefchaux , Garnifons, droicts alienez, frais d'affietes , & generalement fur tout le contenu aux rolles
ordinaires & extrordinaires des Paroiffes,
mefmes des impofitions & leuées qui fe feront au commencement & courant de
l'année pour lefdites villes , communautez
ou particuliers, & pour quelque autre caufe & occafion que ce foit. Lefquels droicts
nous voulons eftre employez d'orefnauant
par chacun an en nos Commiffions, au lieu
defdits douze deniers pour liure attribuez
aufdits Commiffaires triennaux des Tailles fupprimez, ainfi & en la mefme forme
& maniere que s'impofent & leuent les
autres droicts alienez fur nos Tailles. Et
pour l'année prefente , lefdits douze deniers impofez pour lefdits Commiffaires,
demeureront deftinez pour le payemét des
droicts cy-deffus, à commencer du premier
iour de Ianuier dernier, & à l'aduenir retranchez de nofdites Commiffions. Et fe-
rôt les fufdits droicts payez par les Affeeurs
& Collecteurs des paroiffes aux acquereurs

deſdits Offices, leurs Commis, Fermier
& Procureurs de quartier en quartier pa
leurs ſimples quittances, à quoy faire ils ſe
ront contraints comme pour nos denier
& affaires, concurremment & aux meſur
termes d'iceux, en vertu des contraincte
qui pourront eſtre decernées par leſdits
acquereurs, leurſdits Commis, Fermiers &
Procureurs. Et afin de liberer noſdits ſubjets des voyages inutils & dépenſes qu'ild
font au courant de l'année, du lieu de leur
demeure és villes où nos Elections en chef
ſont eſtablies, pour la ſollicitation & po ur-
ſuitte des lettres d'aſſiete, & attache des
Treſoriers de Frāce qu'il leur conuient ob-
tenir pour les impoſſiōs & leuées de deniers
dōt ils ont beſoin pour employer à l'acquiċt
de leurs debtes & autres dépéſes, ce qui les
diuertit entierement de leur trauail & la-
beur ordinaire: Afin de n'obmettre rien de
tout ce que nous eſtimons neceſſaire pour
leur ſoulagement, Nous voulons que leſdits Controlleurs des actes & expeditions
des Greffes des Elections, pourſuiuent pri-
uatiuement à tous autres, les expeditions
des lettres d'aſſiete, attaches des Treſo-
tiers de France & mandemens des Eleus.

pour les impofitions & leuées de deniers
qui feront ordonnez fur lefdites villes, paroiffes & communautez, foit pour acquit
de leurs debtes, eftapes, munitions, leuées
de pionniers, cheuaux d'artillerie; dépen-
fes de procez, frais de Procureurs, Syn-
dics, ou pour quelque autre caufe & occafion que ce foit, concernans leurs affaires
particulieres. Pour le falaire &vacatiō defquels, pour toutes pourfuittes & follicita-
tion defdites lettres d'affietes, attaches &
mandemens defdits Eleus, nous leur attribuons fix liures pour chacune lettre d'affiete de trois cens liures, & au deffus: & foi-
xante fols, pour celles au deffous defdits
trois cens liures, moyennant laquelle attribution ils feront tenus tenir Regiftres de
toutes les lettres d'affietes qui feront expe-
diées par chacune année fur lefdites villes,
paroiffes & communautez, & de la caufe
fommaire defdites impofitions, pour y
auoir recours quand befoin fera. Lefquels
falaires cy-deffus, auec ce qu'il conuien-
dra fournir pour ladite obtention, feront
employez aux mandemens defdits Eleus
qui feront expediez fur lefdites lettres d'affietes en la maniere accouftumée. Tous lef-

quels Offices de Controlleurs prefentr
ment creez,& Controlleurs au regalemer
des Tailles, nous voulons eftre vendus &
adiugez auec lefdits droicts, par les Com̄
miffaires qui feront par nous ordonnéz oo
leurs Subdeleguez , & les adiudicaire∷
d'iceux,leurs vefues,heritiers & ayans cau꞉
fe, en iouïr hereditairement comme dit eft
en vertu des contracts de vente qui leur er
feront faits & paffez par lefdits Commif
faires fur les quittances du Treforier dɩ
nos Parties Cafuelles, fans que lefdits act
quereurs foient tenus prendre de nous au:
tres lettres de prouifion ou ratification:
ny payer cy-apres aucun fupplement de fi̶
nance,prendre augmentatiõ de droicts, ny
eftre lefdits Offices reuendus de dix an̶
nées , ou depoffedez apres ledit temps, fi̶
non en les rembourfant de leur finance,
frais & loyaux coufts à vn feul payement,&ɟ
fans que lefdits Offices & droicts puiffeni
eftre reduits à rente pour quelque caufe
& occafion que ce foit, ny le reuenu d'i̶
ceux diminué de ce à quoy il fe trouuera:
monter & reuenir en l'année prefente mil
fix cens trente-deux, que nous voulons à
l'aduenir eftre toufiours impofé fur mefm.e

pɩ ꞏ

pied , encores que nous venions cy-apres
à diminuer nos Tailles. Et pour le regard
des Greffiers des Bureaux , & Receueurs
Collecteurs des droicts alienez , Nov s
voulõs que les proprietaires d'iceux soient
maintenus en la ioüissance de leursdits
Offices & droicts, mesmes lesdits Greffiers
des Bureaux en la perception des droicts
que nous leur auons accordez par ledit
Reglement arresté en nostredit Conseil le
     iour de   dernier, esquels nous
les auons maintenus & confirmez, mainte-
nons & confirmons , sans qu'ils puissent à
l'aduenir estre retranchez pour quelque
cause & occasion que ce soit, ny en sem-
blable les six deniers attribuez ausdits Receueurs Collecteurs des droicts alienez, à
prédre sur les proprietaires desdits droicts,
ny estre lesdits Greffiers ou Receueurs
Collecteurs tenus payer aucun supplement
de finance pour lesdites attributions, en
payant par eux en nosdites Parties Casuel-
les, vn mois apres la signification qui leur
sera faite à leurs personnes ou domiciles,
ou aux Greffes desdites Iurisdictions, les
sommes ausquelles ils seront taxez en nostredit Conseil, Sçauoir lesdits Greffiers

des Bureaux & leurſdits Maiſtres Clercs,
pour iouïr dudit demy denier pour liure,
ſur les deniers impoſez en leurs generalitez:
& leſdits Receueurs Collecteurs, deſdits
deux deniers pour liure ſur les deniers impoſez en leur Election. Permettons pareillement auſdits Greffiers des Bureaux &
Elections conformement à noſtredit Edict
du mois de Iuin mil ſix cens vingt-ſept,
d'acquerir & vnir à leurs Offices leſdits Offices de Controlleurs des actes & expeditions de leurs Greffes, en payant les ſom-
mes auſquelles ils ſeront pareillement taxez en noſtredit Conſeil, pour iouïr des attributions cy deſſus par nous preſentemét
faites auſdits Officiers, dans ledit temps
d'vn mois apres la ſignification deſdites taxes. Autrement & à defaut de ce faire dans
ledit temps & iceluy paſſé, Novs voulons
qu'il ſoit procedé à la vente deſdits Offices
de Controlleurs des actes & expeditions
des Greffes deſdits Bureaux & Elections,
& Receueurs Collecteurs des droicts alienez, auec les attributiõs deſus-dites, pour en
iouïr hereditairement par les nouueaux acquereurs, comme dit eſt: & les proprietaires deſdits Greffes des Bureaux & Ele-

ctiós, & Receueurs Collecteurs des droicts
alienez, depossedez desdits Offices par lesdits nouueaux adiudicataires, ou ceux qui
payeront lesdites taxes en leur lieu, en les
remboursant de la Finance par eux payée
pour l'acquisition d'iceux, loyaux cousts,
frais & mises selon la liquidation qui en
sera faite par lesdits Commissaires. PER-
METTONS à toutes personnes d'acquerir
lesdits Offices de Controlleurs au regalement, & Controlleurs des Commissaires
des Tailles presentement creez, par vne
ou plusieurs Paroisses, ou par Elections
entieres, Ensemble les autres Offices
cy-dessus, à faute de payer par lesdits
proprietaires lesdites taxes, pour iceux
exercer ou les faire venir, exercer &
affermer ainsi que bon leur semblera, à la
Charge de répondre ciuilement de leurs
commis ou Fermiers. Lesquels Commis
ou Fermiers jouïront des mesmes priuileges que les titulaires desdits Offices, pour-
ueu toutefois que le titulaire & fermier ne
jouïssent ensemble que d'vn seul priuilege.
Et dautant qu'en vertu de nosdits Edicts
des mois de Iuin mil six cens vingt-sept, &
Feurier mil six cens trente-vn, il a esté pro-

cedé à la vente d'aucuns deſdits Offices de
Controlleurs des actes & expeditions des
Greffes des Elections, & Controlleurs au
regalement des Tailles , noſtre intention
eſtant qu'ils jouiſſent à l'aduenir conjoin-
tement auec leurs droicts anciens, des aug-
mentations & droicts à eux preſentement
attribuez, Nous voulons que leſdits Offices ſoient reuendus auec leſdits nouueaux
droicts : & les precedens acquereurs , rem-
bourſez par les nouueaux adiudicataires de
leur finance , frais & loyaux couſts raiſon-
nables, qui leur tiendra lieu de finance ſui-
uant la liquidation qui en ſera faite par leſdits Commiſſaires. Promettans en foy &
parole de Roy, auoir pour agreable, tenir
ferme & ſtable à toûjours ce qui ſera fait &
ordonné par leſdits Commiſſaires en vertu
des preſentes. SI DONNONS EN MAN-
DEMENT à nos amez & feaux Conſeil-
lers les gens tenans noſtre Cour des Aydes à Paris, Preſidens & Treſoriers Gene-
raux de France des Generalitez qu'il ap-
partiendra, de faire chacun endroit ſoy re-
giſtrer & executer le preſent Edict pure-
ment & ſimplement, & le contenu en iceluy garder & obſeruer de point en point

selon sa forme & teneur, sans permettre ny
souffrir qu'il y soit contreuenu en aucune
maniere, nonobstant oppositions, ou ap-
pellatiõs quelconques, desquelles si aucu-
nes interuiennēt, nous auõs retenu la co-
gnoissance en nostredit Conseil, icelle in-
terdite & defenduë à tous autres Iuges.
Car tel est nostre plaisir. Et afin que ce
soit chose ferme & stable à touliours, nous
auons fait mettre nostre seel à ces presen-
tes, sauf en autres choses nostre droict &
l'autruy en toutes. Donne' à Paris au
mois d'Aoust l'an de grace mil six cens tré-
te-deux, & de nostre regne le vingt-troi-
siéme. Signé, Lovis, Et plus bas, Par le
Roy, de Lomenie, & seellé sur lacs de
soye rouge & verte du grand seau en cire
verte. Et encor est écrit:

Registré en la Cour des Aydes, ouy le Procu-
reur General du Roy, du tres-expres comman-
dement de sa Majesté, & par elle reiteré de sa
bouche, pour estre executé selon sa forme & te-
neur, suiuant & aux charges portées par l'Ar-
rest ce iourd'huy dõné les Chambres assemblées.
A Paris en ladite Cour le dix-septiéme iour
d'Aoust mil six cens trente-deux.

Signé, Bovcher.

C iij

EXTRAICT DES REGISTRES
de la Cour des Aydes.

VEv par la Cour les Chambres assem-blees, les Lettres Patétes du Roy en forme d'Edict, donnees à Paris au mois d'Aoust mil six cens trente-deux, signees, LOVIS, & plus bas, Par le Roy, DE LOMENIE, & seellees du grand seel de cire verte sur lacs de soye rouge & verte, par lesquelles & pour les causes y conte-nuës, sa Majesté veut & ordonne que les Offices de Commissaires triennaux des Tailles creez par Edict du mois de Feurier mil six cens trente-vn, soient supprimez, ensemble les douze deniers pour liure à eux attribuez à prendre sur les Tailles or-dinaires & extrordinaires & tout le conte-nu és rolles, sans que cy-apres ils puissent estre restablis pour quelque cause & occa-sion que ce soit : & au lieu d'iceux auroit creé & erigé en tiltre d'Office vn Con-trolleur en chacune Paroisse, pour assister annuellement à l'assiete & departement

des Tailles , & tenir regiſtre & entroolle
des taxes qui ſeront eſcrites par les Commiſſaires des Tailles: auquel Controlleur
auroit eſté attribué par ſadite Majeſté
quatre deniers pour liure , faiſant partie
des douze deniers attribuez cy deuant
auſdits Cōmiſſaires triennaux des Tailles ſupprimez, enſemble les meſmes priuileges & exemptions de la collecte des
Tailles, de l'impoſt du ſel , des Tutelles &
Curatelles, & décharge de Commiſſaire
aux biens ſaiſis & logemens des gens de
guerre, attribuez auſdits Offices de Commiſſaires des Tailles par les Edicts de leur
creation des mois de Nouembre mil ſix
cens ſeize, Ianuier mil ſix cens vingt-vn, &
May mil ſix cens vingt-quatre : meſmes
auroit ſadite Majeſté attribué quatre deniers pour augmentation de droict aux
Controlleurs du regalement des Tailles
creez par Edict du mois de Feurier mil ſix
cens trēte-vn, outre les huict deniers à eux
attribuez par ledit Edict : & deux deniers
par augmentatiō de droict aux Receueurs
& Collecteurs des droicts alienez ſur les
Tailles ancien, alternatif & triēnal creez
par Edict du mois de Decembre mil ſix

cens vingt-neuf, a ſçauoir vn denier chacun en l'annee d'exercice, & demy denier
auſſi chacun en l'annee hors d'exercice,
outre les autres droicts à eux attribuez,
pour en iouïr tant ſur le pied des impoſi-
tions qui ſe faiſoient lors de leurs acquiſi-
tions, que de l'augmentation d'icelles à
cauſe des droicts depuis alienez. Plus vn
denier pour liure, ſçauoir vn demy denier
aux Greffiers & Maiſtres Clercs des Bureaux des Treſoriers de France, & demy
denier aux Controlleurs des actes & expeditions des Greffes deſdits Bureaux, creez
par l'Edict du mois de Iuin mil ſix cens
vingt ſept, des deniers impoſez en l'eſtenduë de la Generalité de leur eſtabliſſemēt.
Vn denier auſſi pour liure aux Cõtrolleurs
des actes & expeditions des Greffes des
Electiõs, outre les autres droicts attribuez
par leſdits Edicts, Arreſts & Reglemens
ſur ce faits. Leſdits droicts reuenãs auſdits
douze deniers pour liure attribuez auſdits
Commiſſaires triennaux des Tailles ſupprimez, à prēdre ſur le principal de la Taille, Taillon, Solde du Preuoſt des Mareſ-
chaux, garniſons, droicts alienez, frais d'aſ-
ſiettes, & generalement ſur tout le contenu

nu aux rolles ordinaires & extrordinaires
des Paroisses, mesmes des impositions &
leuees qui se feront au commencemét &
courât de l'année pour les villes, communautez ou particuliers, suiuant & ainsi que
plus au long il est contenu esdites lettres à
ladite Cour addressantes. Conclusions du
Procureur General du Roy; & tout consi-
deré: LA COVR du tres-expres com-
mandement du Roy, & par luy reïteré de
sa bouche, a ordonné & ordonne que lesdites lettres en forme d'Edict seront re-
gistrées au Greffe d'icelle, pour estre exe-
cutées selon leur forme & teneur, à la
charge que les Controlleurs des Tailles,
Controlleurs au Regalement, Receueurs
des menus droicts, Greffiers, Maistres
Clercs, Controlleurs des actes & bureaux,
& ceux des Elections, iouïront des droicts
à eux attribuez par ledit Edict, à proportió
d'iceux, & sur le pied que la Taille sera im-
posée & departie par sa Majesté : Et que
lesdits Controlleurs au Regalement des
Tailles, Receueurs des menus droicts,
Greffiers, Maistres Clercs, Controlleurs
des actes des Bureaux & Elections, seront
maintenus és droicts, priuileges & exem-

D

ptions à eux cy-deuant attribuez, suiuant
les Edicts de sadite Majesté bien & deuë-
ment verifiez par la Cour. Lesquels proprietaires desdits Offices, ne pourront
estre depossedez de leursdits Offices, si-
non apres auoir esté actuellement rébour-
sez tant du sort principal par eux payé és
coffres du Roy, que frais & loyaux cousts,
suiuant la liquidation qui en sera faite par
les Commissaires qui à ce faire seront de-
putez par sa Majesté: Et que les procez &
differents qui interuiendront en execu-
tion dudit Edict, seront iugez en premiere
instance pardeuant les Eleus, & par appel
en la Cour. FAIT à Paris en la Cour des
Aydes le dix-septiéme iour d'Aoust mil six
cens trente-deux.

Signé, BOVCHER.

REGLEMENT FAICT PAR LE
Roy en son Conseil, des droicts & emolumens attribuez aux Greffiers anciens, alternatifs & triennaux des Bureaux des Finances des Generalitez
de ce Royaume, & places de Clercs reüntes. Que
sa Majesté veut & entend estre gardé & obserué
paylesdits Greffiers & leurs Commis, pour toutes